Die grosse Notensammlung

Klavier

Die Klassiker von A bis Z

Bearbeitet von
Margarete Babinsky

Band I: Von Albéniz bis Grieg

The Big Music Collection

Piano

The Classics from A to Z

Edited by
Margarete Babinsky

Volume I: From Albéniz to Grieg

© Naumann & Göbel Verlagsgesellschaft mbH

in der VEMAG Verlags- und Medien Aktiengesellschaft

Emil-Hoffmann-Straße 1, 50996 Köln (Deutschland)

www.naumann-goebel.de

Gesamtherstellung: Naumann & Göbel Verlagsgesellschaft mbH

Alle Rechte vorbehalten

ISBN 978-3-625-12536-5

© Naumann & Göbel Verlagsgesellschaft mbH

a subsidiary of VEMAG Verlags- und Medien Aktiengesellschaft

Emil-Hoffmann-Straße 1, 50996 Cologne (Germany)

www.vemag-medien.de

Complete production: Naumann & Göbel Verlagsgesellschaft mbH

All rights reserved

Printed in EU

ISBN 978-3-625-12536-5

INHALT

BAND I

VON ALBÉNIZ BIS GRIEG

Contents

Volume I

From Albéniz to Grieg

GRIEG, EDVARD (1843–1907)

Capricho Catalan

España op. 165 Nr. 5

Isaac Albéniz

molto rall.

a tempo

Solfeggietto c-moll

Carl Philipp Emanuel Bach

Allegretto F-dur

Musikalische Nebenstunden

Johann Christoph Friedrich Bach

16

Menuett G-dur
Notenbüchlein für Anna Magdalena Bach
BWV Anh. 116

Johann Sebastian Bach

Präludium d-moll
Kleine Präludien und Fughetten
BWV 926

Johann Sebastian Bach

Präludium F-dur
Kleine Präludien und Fughetten
BWV 927

Johann Sebastian Bach

Invention C-dur
BWV 772

Johann Sebastian Bach

23

Invention d-moll
BWV 775

Johann Sebastian Bach

Invention a-moll
BWV 784

Johann Sebastian Bach

27

Französische Suite Nr. 6 E-dur
BWV 817

Johann Sebastian Bach

Polonaise

Menuet

Bourrée

31

Präludium und Fuge C-dur
Das Wohltemperierte Klavier I
BWV 846

Johann Sebastian Bach

Fuge

36

Menuett G-dur
6 Menuette WoO 10

Ludwig van Beethoven

Sonatine G-dur
Klavierstücke Anh. 5

Ludwig van Beethoven

Romanze

Sonatine F-dur
Klavierstücke Anh. 5

Ludwig van Beethoven

Rondo

Allegro

Für Elise
Klavierstück WoO 59

Ludwig van Beethoven

48

6 Ecossaisen
WoO 83

Ludwig van Beethoven

D. S. al ⊕

D. S. al ⊕

D. S. al ⊕

D. S. al ⊕

D. S. al ⊕

Bagatelle g-moll
op. 119 Nr. 1

Ludwig van Beethoven

6 Variationen
"Nel cor più non mi sento"
WoO 70

Ludwig van Beethoven

Thema
Andantino

Var. I

Var. II

Var. III

Var. VI

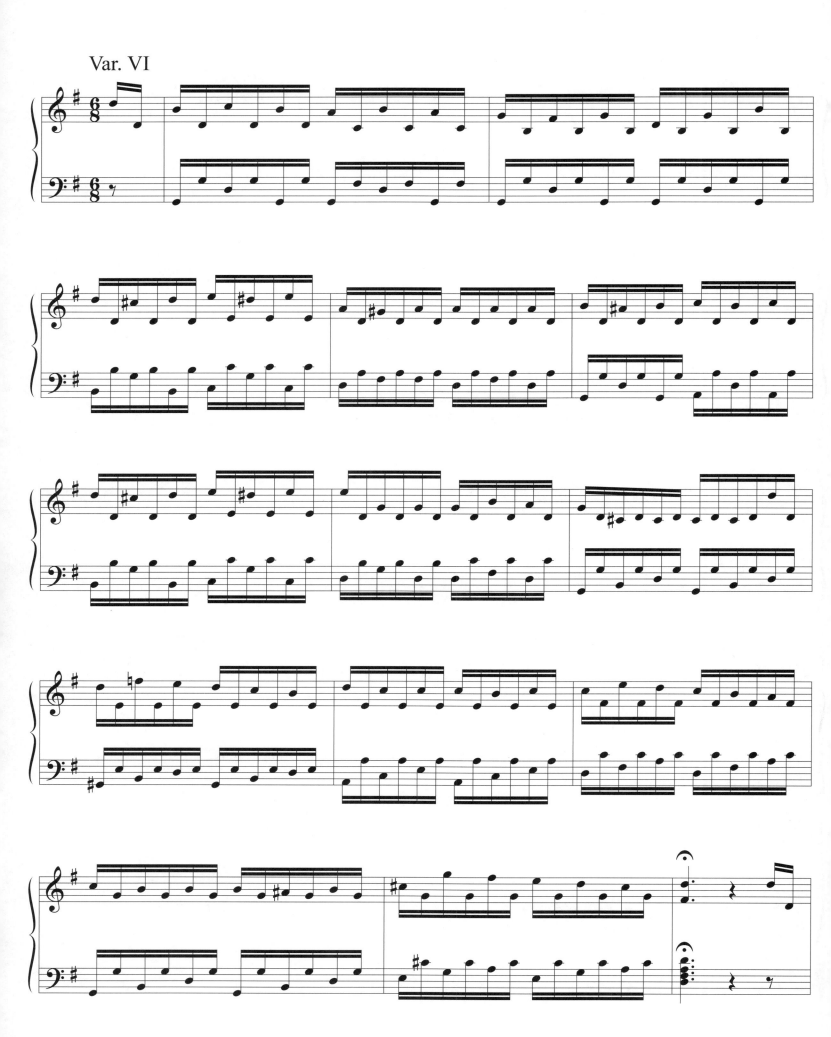

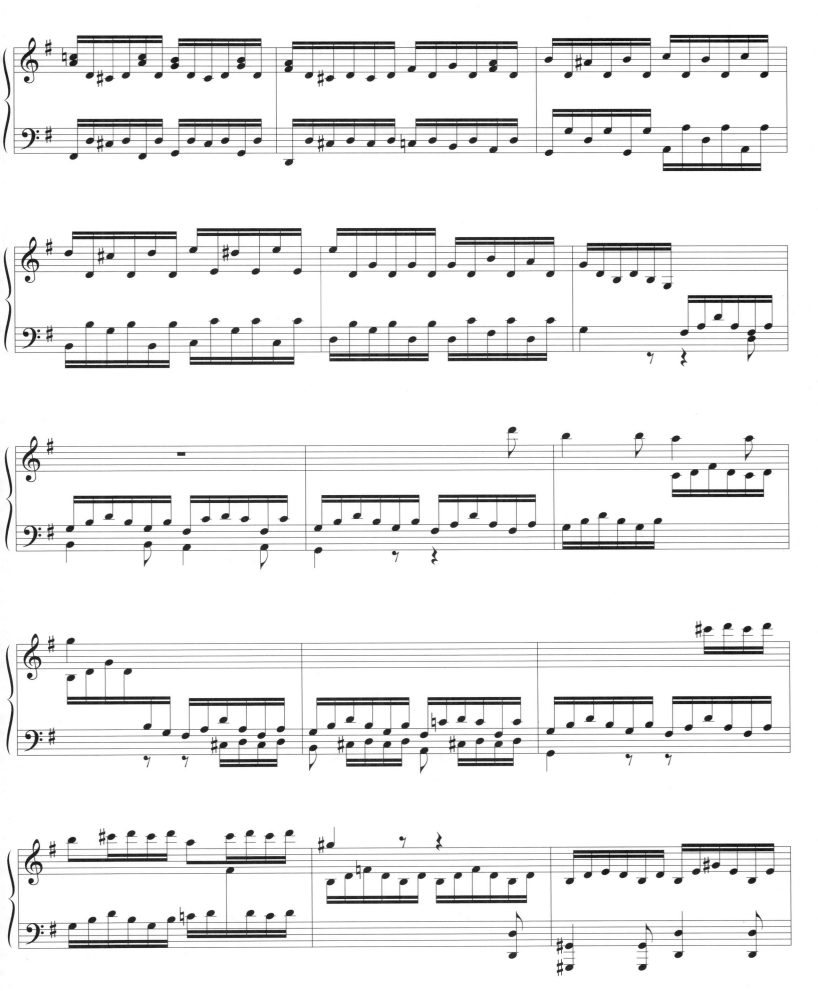

Rondo C-dur

op. 51 Nr. 1

Ludwig van Beethoven

Moderato e grazioso

Tempo di Menuetto
Sonate op. 49 Nr. 2

Ludwig van Beethoven

Adagio sostenuto
Sonate op. 27 Nr. 2 ("Mondscheinsonate")

Ludwig van Beethoven

Adagio cantabile
Sonate op. 13 ("Pathétique")

Ludwig van Beethoven

Adagio cantabile

Walzer gis-moll
op. 39 Nr. 3

Johannes Brahms

Walzer d-moll

op. 39 Nr. 9

Johannes Brahms

Walzer A-dur

op. 39 Nr. 15

Johannes Brahms

Intermezzo Es-dur

"Schlaf sanft, mein Kind"

op. 117 Nr. 1

Johannes Brahms

Andante moderato

Più Adagio

Walzer h-moll
op. posth. 69 Nr. 2

Frédéric Chopin

Walzer Des-dur ("Minutenwalzer")
op. 64 Nr. 1

Frédéric Chopin

Prélude e-moll
op. 28 Nr. 4

Frédéric Chopin

Prélude h-moll

op. 28 Nr. 6

Frédéric Chopin

Prélude Des-dur ("Regentropfen-Prélude")
op. 28 Nr. 15

Frédéric Chopin

Mazurka g-moll
op. 67 Nr. 2

Frédéric Chopin

Mazurka a-moll
op. 67 Nr. 4

Frédéric Chopin

Moderato animato

114

Mazurka F-dur

op. 68 Nr. 3

Frédéric Chopin

Allegro, ma non troppo

Nocturne Es-dur
op. 9 Nr. 2

Frédéric Chopin

Nocturne f-moll
op. 55 Nr. 1

Frédéric Chopin

più mosso

Etüde f-moll
Trois nouvelles Études Nr. 1

Frédéric Chopin

Walzer Nr. VIII G-dur

Muzio Clementi

Fine

Da capo al Fine

130

Walzer Nr. XXIV Es-dur

Muzio Clementi

Fine

Da capo al Fine

Les coucous bénévoles

François Couperin

Rêverie

Claude Debussy

138

Première Arabesque

Claude Debussy

The little Shepherd
Children's Corner

Claude Debussy

Golliwogg's Cake Walk
Children's Corner

Claude Debussy

Un peu moins vite

Cédez

a Tempo

Cédez

a Tempo

a Tempo

Cédez

a Tempo

Cédez

a Tempo

Cédez

La Fille aux cheveux de lin
Préludes

Claude Debussy

Cédez - - - - - - - Mouvementé

au Mouvementé

Cédez

tres doux

Murmuré et en retenant peu à peu

perdendo - - - - - - - - - - - -

Clair de lune
Suite bergamasque

Claude Debussy

En animant

Böhmischer Tanz

Zwei Perlen

Antonín Dvořák

Allegretto grazioso

Humoreske Ges-dur

op. 101 Nr. 7

Antonin Dvorák

Poco lento e grazioso

Più lento

166

Sonatine d-moll

Allegro assai moderato e patetico

Zdenek Fibich

rit.   *a tempo*

sempre ben tenuto

attacca

Furiant - Böhmischer Tanz

Presto *(energico)*

Nocturne B-dur
Nr. 5

Cantabile, assai lento

John Field

Der Puppe Klagelied

César Franck

Andantino

Canzonetta a-moll
op. 19 Nr. 3

Niels W. Gade

Allegretto con espressione

Russische Polka

Michail Glinka

Walzer
Lyrische Stücke op. 12 Nr. 2

Edvard Grieg

Coda

Elfentanz
Lyrische Stücke op. 12 Nr. 4

Edvard Grieg

Volksweise
Lyrische Stücke op. 12 Nr. 5

Edvard Grieg

Norwegisch
Lyrische Stücke op. 12 Nr. 6

Edvard Grieg

sempre rit.

Albumblatt
Lyrische Stücke op. 12 Nr. 7

Edvard Grieg

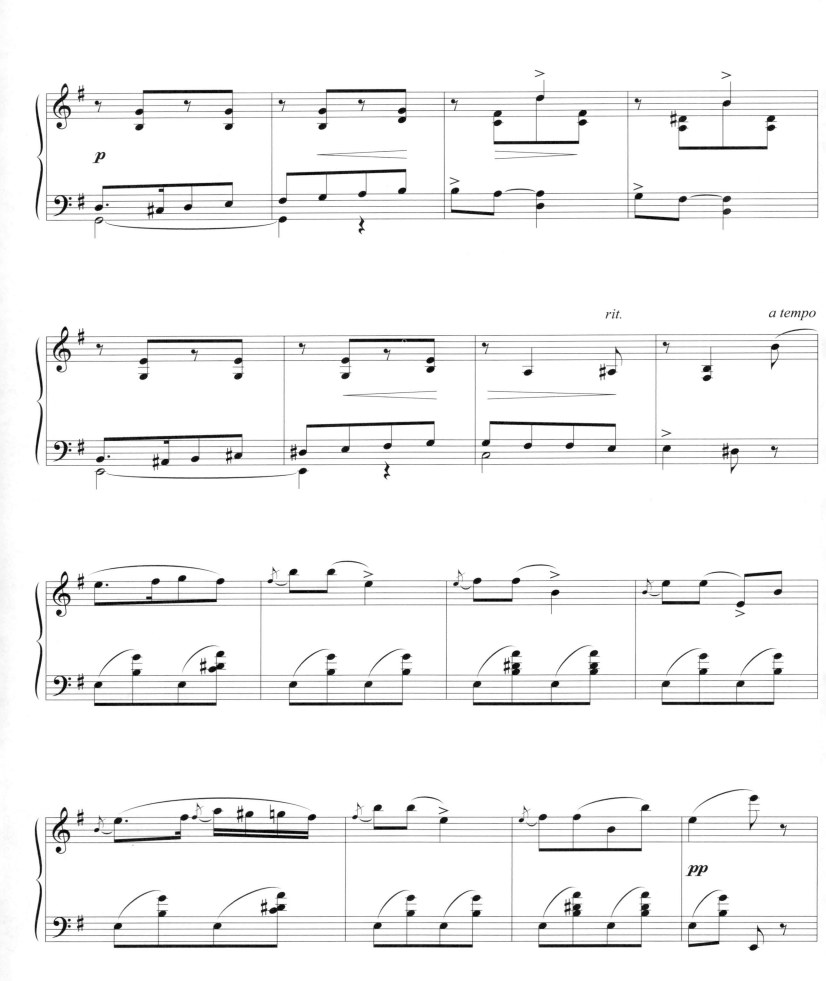

rit.   *a tempo*

Walzer
Lyrische Stücke op. 38 Nr. 15

Edvard Grieg

Einsamer Wanderer

Lyrische Stücke op. 43 Nr. 18

Edvard Grieg

Allegretto semplice

cresc. e stretto

Vöglein
Lyrische Stücke op. 43 Nr. 20

Edvard Grieg

Notturno
Lyrische Stücke op. 54 Nr. 33

Edvard Grieg

Kobold
Lyrische Stücke op. 71 Nr. 62

Edvard Grieg